中华人民共和国
国务院组织法

（1982年12月10日第五届全国人民代表大会
第五次会议通过并于同日公布施行 2024年3月
11日第十四届全国人民代表大会第二次会议
修订）

人民出版社

目　　录

中华人民共和国主席令

第二十一号

　　《中华人民共和国国务院组织法》已由中华人民共和国第十四届全国人民代表大会第二次会议于 2024 年 3 月 11 日修订通过，现予公布，自公布之日起施行。

　　　　中华人民共和国主席　习近平

　　　　　　　2024 年 3 月 11 日

中华人民共和国国务院组织法

（1982 年 12 月 10 日第五届全国人民代表大会第五次会议通过并于同日公布施行　2024 年 3 月 11 日第十四届全国人民代表大会第二次会议修订）

第一条　为了健全国务院的组织和工作制度，保障和规范国务院行使职权，根据宪法，制定本法。

第二条　中华人民共和国国务院，即中央人民政府，是最高国家权力机关的执行机关，是最高国家行政机关。

第三条　国务院坚持中国共产党的领导，坚持以马克思列宁主义、毛泽东思想、邓小平理论、"三个代表"重要思想、科学发展观、习近平新时代中国特色社会主义思想为指导，坚决维护党中央权威和集中统一领导,坚决贯彻落实党中央决策部署,贯彻新发展理念,坚持依法行政,依照宪法和法律规定,全面正确履行政府职能。

国务院坚持以人民为中心、全心全意为人民服务,坚持和发展全过程人民民主,始终同人民保持密切联系,倾听人民的意见和建议,建设人民满意的法治政府、创新政府、廉洁政府和服务型政府。

第四条 国务院对全国人民代表大会负责并报告工作;在全国人民代表大会闭会期间,对全国人民代表大会常务委员会负责并报告工作。

国务院应当自觉接受全国人民代表大会及其常务委员会的监督。

第五条 国务院由总理、副总理、国务委员、各部部长、各委员会主任、中国人民银行行长、审计长、秘书长组成。

国务院实行总理负责制。总理领导国务院的工作。

副总理、国务委员协助总理工作,按照分工负责分管领域工作;受总理委托,负责其他方面的工作或者专项任务;根据统一安排,代表国务院进行外事活动。

第六条 国务院行使宪法和有关法律规定的职权。

第七条 国务院实行国务院全体会议和国务院常务会议制度。国务院全体会议由国务院全体成员组成。国务院常务会议由总理、副总理、国务委员、秘书长组成。总理召集和主持国务院全体会议和国务院常务会议。国务院工作中的重大问题,必须经国务院常务会议或者国务院全体会议讨论决定。

第八条 国务院全体会议的主要任务是讨论决定政府工作报告、国民经济和社会发展规划等国务院工作中的重大事项,部署国务院的重要工作。

国务院常务会议的主要任务是讨论法律草案、审议行政法规草案,讨论、决定、通报国务院工作中的重要事项。

国务院全体会议和国务院常务会议讨论决定的事项,除依法需要保密的外,应当及时公布。

国务院根据需要召开总理办公会议和国务院专题会议。

第九条 国务院发布的行政法规、决定、命令,向全国人民代表大会或者全国人民代表大会常务委员会提出的议案,任免人员,由总理签署。

第十条 国务院秘书长在总理领导下,负责处理国务院的日常工作。

国务院设副秘书长若干人,协助秘书长工作。

国务院设立办公厅,由秘书长领导。

第十一条　国务院组成部门的设立、撤销或者合并，经总理提出，由全国人民代表大会决定；在全国人民代表大会闭会期间，由全国人民代表大会常务委员会决定。国务院组成部门确定或者调整后，由全国人民代表大会或者全国人民代表大会常务委员会公布。

第十二条　国务院组成部门设部长（主任、行长、审计长）一人，副部长（副主任、副行长、副审计长）二至四人；委员会可以设委员五至十人。

国务院组成部门实行部长（主任、行长、审计长）负责制。部长（主任、行长、审计长）领导本部门的工作，召集和主持部务（委务、行务、署务）会议，讨论决定本部门工作的重大问题；签署上报国务院的重要请示、报告和发布的命令、指示。副部长（副主任、副行长、副审计长）协助部长（主任、行长、审计长）

工作。

国务院副秘书长、各部副部长、各委员会副主任、中国人民银行副行长、副审计长由国务院任免。

第十三条 国务院可以根据工作需要和优化协同高效精简的原则，按照规定程序设立若干直属机构主管各项专门业务，设立若干办事机构协助总理办理专门事项。每个机构设负责人二至五人，由国务院任免。

第十四条 国务院组成部门工作中的方针、政策、计划和重大行政措施，应当向国务院请示报告，由国务院决定。根据法律和国务院的行政法规、决定、命令，主管部门可以在本部门的权限范围内发布命令、指示。

国务院组成部门和具有行政管理职能的直属机构以及法律规定的机构，可以根据法律和国务院的行政法规、决定、命令，在本部门的权限范围内，制定规章。

第十五条　国务院统一领导全国地方各级国家行政机关的工作。

第十六条　国务院坚持科学决策、民主决策、依法决策,健全行政决策制度体系,规范重大行政决策程序,加强行政决策执行和评估,提高决策质量和效率。

第十七条　国务院健全行政监督制度,加强行政复议、备案审查、行政执法监督、政府督查等工作,坚持政务公开,自觉接受各方面监督,强化对行政权力运行的制约和监督。

第十八条　国务院组成人员应当坚决维护党中央权威和集中统一领导,模范遵守宪法和法律,认真履行职责,带头反对形式主义、官僚主义,为民务实,严守纪律,勤勉廉洁。

第十九条　国务院组成部门、直属机构、办事机构应当各司其职、各负其责、加强协调、密

切配合,确保党中央、国务院各项工作部署贯彻
落实。

第二十条　本法自公布之日起施行。

图书在版编目（CIP）数据

中华人民共和国国务院组织法. —北京：人民出版社，2024.4
ISBN 978－7－01－026444－8

Ⅰ.①中⋯ Ⅱ. Ⅲ.①中华人民共和国国务院组织法
Ⅳ.①D921.12

中国国家版本馆 CIP 数据核字（2024）第 062009 号

中华人民共和国国务院组织法
ZHONGHUA RENMIN GONGHEGUO GUOWUYUAN ZUZHI FA

人民出版社 出版发行
（100706　北京市东城区隆福寺街 99 号）

河北新华第一印刷有限责任公司印刷　新华书店经销

2024 年 4 月第 1 版　2024 年 4 月北京第 1 次印刷
开本：880 毫米×1230 毫米 1/32　印张：0.5
字数：4 千字

ISBN 978－7－01－026444－8　定价：5.00 元

邮购地址 100706　北京市东城区隆福寺街 99 号
人民东方图书销售中心　电话 （010）65250042　65289539